Max Probst

Waidler Rezepte

Die Küche des Bayerischen Waldes

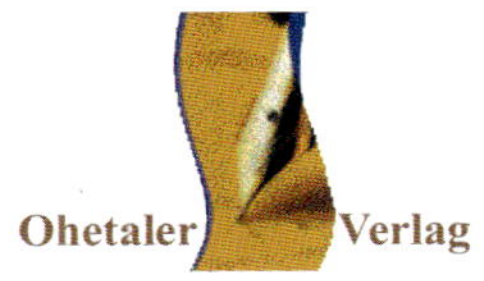

Impressum

Waidler Rezepte

2021

2. Auflage

Autor

Max Probst

Herausgeber

Ohetaler Verlag

Wittelsbacherstr. 2

94481 Grafenau

ohetaler-verlag@gmx.de

08552 4200

ISBN

978-3-95511-170-0

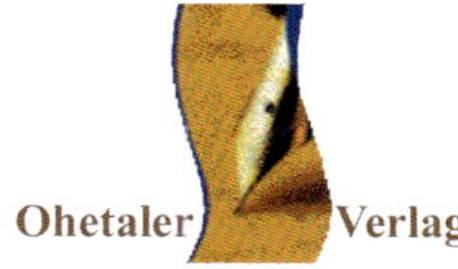

Inhalt

Vorwort

Der Bayerische Wald, galt bis in die Mitte des 20. Jahrhunderts als Armenhaus Deutschlands, so war auch das Essen eher ärmlich. Es wurde versucht mit dem wenigen Geld, das zur Verfügung stand ein Essen zu machen, dass sättigend war und gut schmeckte. Viele verschiedene Mehlspeisen gab es und Suppen die stärkend und gesund waren.

An Sonn- und Feiertagen, gab es Fleisch, was etwas Besonderes war und so zu einem leckeren Braten zubereitet wurde.

Es wurde mit dem gekocht, dass selber angebaut, erzeugt oder aus der wilden Natur gewonnen werden konnte.

Heilmittel wurden aus der Natur gewonnen, man kannte die Kräuter und wusste sie zu nutzen.

Da die Frauen damals nicht berufstätig waren, sondern sich um den Haushalt und die vielen Kinder kümmerten, hatten sie natürlich Zeit, diese Gerichte zu machen, welche sicherlich viel Zeit in Anspruch nahmen. Heutzutage sind Mann und Frau berufstätig und es ist wenig Zeit, um sich etwas zu Essen zu machen. Man greift häufig auf die schnelle Küche oder Fertiggerichte zurück, welche natürlich nicht so geschmackvoll sind, als die alten liebevoll gekochten Waidler Gerichte. Ich denke, es sollte das kochen wieder mehr an Bedeutung gewinnen, die Zeit für die Herstellung eines Hefeteigs oder das Braten des Fleisches sollte als Ruhezeit für den Körper und Seele genutzt werden. Zum Entschleunigen unseres aktuellen Lebensstils, einfach mal Zeit nehmen, um sich und anderen was gutes zum Essen zu machen und dem alltäglichen Stress zu entfliehen.

Sehr stolz macht mich, dass sich mein Sohn Maximilian nun ebenfalls der Heimatforschung angenommen hat und hier dem Kulinarischen auf den Grund geht. Es ist meiner Meinung nach sehr wichtig, dass sich die jungen Leute, für die Vergangenheit und Kultur der eigenen Heimat interessieren.

Ich wünsche allen Lesern dieses Buches gutes Gelingen beim Nachkochen und einen guten Appetit.

Probst Sepp 19.07.21

Getränke

Arnikaschnaps

Zutaten:

eine Hand voll Arnikablüten

0,7 Liter Doppelkorn 38 %

Zubereitung:

Die Arnikablüten mit dem Schnaps in ein luftdichtes Gefäß füllen und für 6 Wochen an einen sonnigen warmen Ort stellen. Danach den Schnaps abseihen und in eine Flasche füllen. Fertig ist der Arnikaschnaps.

Es gibt auch Rezepte, welche die Blüten immer im Schnaps lassen, da er dadurch intensiver werden soll.

Den Arnikaschnaps soll man nicht trinken, sondern nur zum Einreiben verwenden, wegen seiner guten Heilkräfte ist er zu schade, ihn einfach zum Trinken zu verwenden. Er soll die Durchblutung anregen, Schmerzen lindern, wenn man ihn vor dem Sport auf die Muskeln reibt, soll er einem Muskelkater vorbeugen, weiter soll er auch die offenen Wunden desinfizieren.

Blutwurzschnaps

2 Wurzeln vom Blutwurz ausstechen und sauber waschen, danach halbieren oder vierteln und mit 0,75 Liter Doppelkorn ansetzen.

Diesen Ansatz etwa 6 Wochen in der Sonne oder an einen warmen Ort stellen, dann ist der Blutwurzschnaps fertig.

Die Wurzeln können entfernt werden oder drinnen gelassen werden.

Je älter der Blutwurz ist desto roter und intensiver wird er.

Es kann auch beim Ansetzen, je nach Geschmack, Kandiszucker dazugegeben werden, dadurch wird der Schnaps etwas milder!

FICHTENGEIST

Zutaten:

20 junge hellgrüne Fichtentriebe

2 Eßlöffel Kandiszucker

0.75 Liter Wodka oder Doppelkorn

Zubereitung:

Die Fichtentriebe abwaschen und trocken schleudern.

Danach mit dem Kanidszucker und dem Wodka in ein luftdichtes Gefäß geben und 1 Woche an einem warmen Platz ziehen lassen.

Dann 3 Wochen an einem dunklen Platz ziehen lassen.

Die Triebe mit einem Leinentuch abseihen und in Flaschen abfüllen. Ca 6 Wochen im Keller reifen lassen.

Goassmass

Zutaten:

½ Liter dunkles Bier

½ Liter Cola

4 Stamperl Kirsch oder Weinbrand

Zubereitung:

Bier und Cola mischen und dann den Schnaps dazu geben und umrühren.

Für eine süße Goaßmaß mit Kirschlikör mischen.

Für eine scharfe Goaßmaß mit Weinbrand mischen.

Heidelbeersaft

Zutaten:

3 Liter Wasser

¼ Liter Weinessig

12 Nelken

1 kg Zucker

1 Zimtstange

Zubereitung:

Zutaten in einen Topf geben und 15 Min. lang kochen.

1 Liter Heidelbeeren hinzugeben und nochmals 15 Min. lang kochen. Den Topf in den Keller stellen und abkühlen lassen, nach einem Tag kann man ihn abseihen und in Flaschen abfüllen.

1 Liter Heidelbeeren ist:

Einen Messbecher, bis zur 1 Liter Marke, voll mit Heidelbeeren.

Hollersekt

Zutaten:

12 große Holunderblühten

1 Zitrone

1/8 Liter Weinessig

600 g Zucker

Zubereitung:

12 große vollerblühte Holunderblühten abspülen, 1 Zitrone mit ungespritzer Schale in dünne Scheiben schneiden. 4 Liter Wasser mit 600 g Zucker und 1/8 Liter Weinessig aufkochen und abschäumen Erkaltet über die Blühten und Zitronenscheiben gießen. Topf mit einem Leihentuch zubinden und 24 Std. in die Sonne bzw. an einen warmen Ort stellen Dann die Flüssigkeit mit einem Leinentuch abseihen und nochmals 8 Tage warm stellen. In Flaschen abfüllen und 8 – 10 Tage in einen kühlen dunklen Keller stellen.

Hollersirup (aus Blüten)

2 Liter Wasser

1 ½ kg Einmachzucker

Dies zusammen aufkochen und abkühlen lassen.

8 – 10 Hollerblüten und 40 g Zitronensäure (Päckchen) oder frische Zitronen- und Orangenscheiben, je nach Geschmack dazu gegeben.

Dies mit dem Zuckerwasser mischen und mindestens 24 Stunden, an einem warmen Ort, stehen lassen.

Dann die Hollerblüten abseihen und die Flüssigkeit in Flaschen abfüllen.

Zum Trinken:

1 Glas Wasser mit einem Stamperl Hollersirup mischen.

Holunder Saft

Zutaten:

2 – 3 Kilo Holunderbeeren (mit Stielen)

2 – 3 Blätter vom Holunderstrauch

Zubereitung:

Die Beeren und die Blätter waschen und abtropfen lassen. Danach in einem Dampfentsafter entsaften und über die Nacht stehen lassen. Den Saft in Flaschen abfüllen.

Den Saft heiß gegen Grippe trinken

Holunderschnaps

Zutaten:

2 kg Holunderbeeren

1 Liter Wasser

1 kg Zucker

5 Päckchen Vanillezucker

½ Fläschchen Bittermandelöl

0,75 Liter Brauner Rum (54%)

Zubereitung:

Die Holunderbeeren mit einem Liter Wasser eine gute Stunde kochen lassen. Das ganze dann abfiltern, durch ein Sieb oder ein Leinentuch. Den Saft wieder zum kochen bringen, dann den Zucker unter ständigen rühren dazugeben und zehn Minuten kochen lassen. Den Vanillezucker, das Bittermandelöl und den Rum dazugeben, umrühren und noch heiß in die Flaschen füllen.

Johanniskrautschnaps

Zutaten:

70 – 80 Blüten des Johanniskrauts

0,7 Liter Doppelkorn 38 %

Zubereitung:

Die Blüten mit dem Schnaps in ein luftdichtes Gefäß geben und für 3 Wochen an einen sonnigen warmen Ort stellen. Ab und zu kräftig durchschütteln.

Den Schnaps dann abseihen und in eine Flasche abfüllen, danach die Flasche noch für ein paar Wochen in den Keller stellen und nachreifen lassen, fertig ist der Johanniskrautschnaps

Wem der Schnaps zu bitter ist, der kann bei der Zubereitung etwas weißen Kandiszucker dazugeben.

Der Johanniskrautschnaps soll beruhigend wirken.

KIRSCHWEIN

Zutaten:

6 kg Kirschen

3 kg Zucker

1 Päckchen Hefenährsalz (Apotheke)

Zubereitung:

Die Kirschen von den Stielen befreien und waschen

Die 3 kg Zucker mit den 3 kg Kirschen mischen

Dazu ca. 5 – 8 Liter Wasser (je nach gewünschter Stärke Des Weines) hinzugeben. Das Gebräu ca 3 – 4 Wochen in einem Ballon gären lassen (bis keine Gärbläschen mehr aufsteigen). Den Wein mit einem Leinentuch abseihen und dann in nochmals in den Ballon zum klären geben Wenn der Wein klar ist mit einem Schlauch in Flaschen füllen.

P.S.:

Den Zucker in warmen Wasser zergehen lassen.

Löwenzahnschnaps

Zutaten:

30 Blütenköpfe vom Löwenzahn

250 g weißer Kandiszucker

0,7 Liter Doppelkorn 38 %

Zubereitung:

Alles zusammen in ein luftdichtes Gefäß geben und für 6 Wochen an einen sonnigen warmen Ort stellen, danach den Schnaps abseihen und in eine Flasche abfüllen.

Diese Flasche dann noch für 6 Wochen in den Keller stellen und fertig ist der Löwenzahnschnaps.

Die Blüten des Löwenzahnes soll man am besten im Frühjahr pflücken.

Der Schnaps soll gegen Gallenprobleme helfen.

Rahmmass

Zutaten:

½ Liter dunkles Bier

½ Liter Cola

4 Stamperl Eierlikör

Zubereitung:

Bier und Cola mischen und dann den Schnaps dazu geben und umrühren.

Salbeischnaps

Zutaten:

30 frische Salbeiblätter

250 g weißer Kandiszucker

0,7 Liter Doppelkorn 38 %

Zubereitung:

Alles zusammen in ein luftdichtes Gefäß füllen und für 6 Wochen an einen sonnigen warmen Ort stellen. Ab und zu kräftig durchschütteln. Danach den Schnaps absei-hen und in eine Flasche abfüllen. Die Flasche noch für ein paar Wochen in den Keller stellen und fertig ist der Salbeischnaps.

Der Schnaps soll gegen Entzündungen im Mund helfen.

Schafgarben Sekt

Zutaten:

5 Liter Wasser

300 g Zucker

2 Zitronen (in Scheiben)

1/8 Liter Weinessig

10 – 15 Dolden Schafgarbenblühten

Zubereitung:

Alle Zutaten in einen Topf geben und ein Leinentuch darüber legen, mehrmals durch rühren.

Nach einem Tag alles, mit einem Leinentuch abseihen und in Flaschen abfüllen. 5 – 7 Wochen im Keller reifenlassen und fertig ist der Sekt.

P.S.:

Die Schafgarben an einem sonnigen Tag zur Mittagszeit pflücken.

Schafgarbenschnaps

Zutaten:

0,75 Liter Doppelkorn

100 g Schafgarbenblüten

200 g weißer Kandiszucker

Zubereitung:

Die Blüten von den Stängeln rupfen und dann in ein verschließbares Gefäß geben.

Den Doppelkorn und den Kandiszucker dazu geben und das Gefäß verschließen.

Nun das Gebräu 4 Wochen ziehen lassen und ab und zu schütteln, danach die Blüten abseihen und den Schnaps in eine Flasche füllen. Den Schnaps noch 2 Wochen ruhen lassen und fertig ist der Schafgarbenschnaps. Gegebenenfalls kann der Schnaps danach noch mal gefiltert werden.

Schafgarbenschnaps soll Frauenleiden lindern.

Schlehenfeuer

Zutaten:

700 g Schlehen

300 g weißer Kandis

2 Zimtstangen

1 Flasche 38%igen Doppelkorn

Zubereitung:

Schlehen verlesen und waschen, gut abtropfen lassen Und mindestens einen Tag einfrieren. Die Schlehen, Kaniszucker, die Zimtstangen und den Doppelkorn in ein gut schliessendes Gefäß geben und vermengen.

Bei Zimmertemperatur 6 Wochen stehen lassen, dann mit einem Leihentuch filtern und in Flaschen abfüllen.

Danach mindestens 6 Wochen in einem dunklen kühlen Keller lagern.

Schlehenwein

Zutaten:

6 kg Schlehen

3 kg Zucker

1 Päckchen Hefennährsalz (Apotheke)

Zubereitung:

Die Schlehen von den Stielen befreien und waschen, dann ca. 1 Tag tiefgefrieren.

Die 3 kg Zucker mit den 3 kg Schlehen mischen.

Dazu ca. 5 – 8 Liter Wasser (je nach gewünschter Stärke des Weines) hinzugeben. Das Gebräu ca 3 – 4 Wochen in einem Ballon gären lassen (bis keine Gärbläschen mehr aufsteigen). Den Wein mit einem Leinentuch abseihen und dann in nochmals in den Ballon zum klären geben. Wenn der Wein klar ist mit einem Schlauch in Flaschen füllen.

P.S.:

Den Zucker in warmen Wasser zergehen lassen.

Schneemass

Zutaten:

½ Liter helles Bier

6 Kugeln Vanille-Eis

4 Stamperl Williams Birnenschnaps

¼ Liter Sekt

¼ Liter Wein

Zubereitung:

Alle Zutaten gut mischen und fertig ist die Schneemaß.

Weichselwein

Zutaten:

6 kg Weichseln

3 kg Zucker

1 Päckchen Hefenährsalz (Apotheke)

Zubereitung:

Die Weichsel von den Stielen befreien und waschen.

Die 3 kg Zucker mit den 3 kg Weichsel mischen.

Dazu ca. 5 – 8 Liter Wasser (je nach gewünschter Stärke des Weines) hinzugeben. Das Gebräu ca 3 – 4 Wochen in einem Ballon gären lassen (bis keine Gärbläschen mehr aufsteigen). Den Wein mit einem Leinentuch abseihen und dann in nochmals in den Ballon zum klären geben.

Wenn der Wein klar ist mit einem Schlauch in Flaschen füllen.

P.S.:

Den Zucker in warmen Wasser zergehen lassen.

Eingelegtes

Bärlauchpesto

Zutaten:

100 g Bärlauch

2 Teelöffel Salz

2 Esslöffel Olivenöl

Zubereitung:

Bärlauch waschen, schneiden und pürieren, Salz und Öl hinzugeben. Wenn der Bärlauch ganz fein püriert ist, in ein Glas füllen und mit Olivenöl auffüllen bis die Masse ganz bedeckt ist.

Eingelegter Knoblauch

Zutaten für den Sud:

½ Liter Gurkenmeister

¼ Liter Wasser

20 Pfefferkörner

20 Pimentkörner

5 Lorbeerblätter

2 Nelken

4 Teelöffel Zucker

Zubereitung:

Alle Zutaten in einem Topf geben und aufkochen lassen. Dann den Knoblauch schälen, dazugeben und 5 Minuten im Sud kochen lassen. Den heißen Knoblauch mit den Sud in die Gläser füllen. Zum Sud können je nach Belieben noch weitere Gewürze dazugegeben werden, wie etwa Oregano, Majoran, Chilischoten ....

Heilmittel

A roggas Bladl

Dieses uralte Heilmittel wird aus reinem Roggenmehl und Wasser gemacht und auf verschiedenste Wunden aufgelegt. So zum Beispiel auf Schürfwunden, Blutergüsse oder eingerissene Holzzwecken. Es wird Roggenmehl und Wasser solange vermischt, bis es ein zäher Brei ist. Dann wird dieser Brei auf die Wunde gestrichen und diese eingebunden. Nach einer Woche den Verband wieder abziehen und bei Bedarf wechseln. Dieses Bladl reinigt die Wunde oder zieht den Holzzwecken aus dem Fleisch.

Ein uraltes Heilmittel gegen Warzen

Knoblauch reiben, die Haut rundum die Warze mit Pflaster schützen. Den Knoblauch nur auf die Warze legen und verbinden. Nach ein bis zwei Tagen wechseln. Je nach Hartnäckigkeit der Warze öfters wiederholen. Die durch den Knoblauch weiche Haut immer wieder entfernen, bis sich die Warze löst. Wichtig ist, dass der Knoblauch nur auf die Warze gestrichen wird und nicht auf die Haut außen rum, am besten das Pflaster noch mit einem Klebstreifen abdecken.

Johannisöl

Man füllt eine Flasche mit den Blüten des Johanniskrauts voll, danach füllt man diese Flasche mit Olivenöl voll.

Flasche wieder gut verschließen und an einen sonnigen warmen Platz stellen, für ca. 6 Wochen.

Danach kann man die Blüten abseihen und auspressen oder in der Flasche lassen, fertig ist das Johannisöl.

Es hilft bei Verbrennungen, Blutergüssen, Quetschungen und Hexenschuss.

Es sollte alle zwei Jahre neu gemacht werden.

Wichtig ist, dass die Blüten zwischen 12 und 15 Uhr bei strahlendem Sonnenschein gepflückt werden, da haben sie die meiste Wirkkraft.

Ringelblumensalbe

Man schneidet das Schweineschmalz in kleine Stücke, dann das Schmalz in einer Pfanne erhitzen und die Ringelblumenblüten dazu geben. Die Blüten in das Fett einrühren und eine halbe Stunde köcheln lassen.

Danach die Blüten mit einem Leinentuch abseihen und das Schmalz in ein Glas abfüllen, fertig ist die Salbe.

Die Salbe hilft bei offenen Stellen, Geschwüren und der Narbenbehandlung.

Kastaniensud

Zutaten:

Kastanien

Kastanienschalen

Spiritus

Zubereitung:

Die Kastanien mit einer Beißzange halbieren, die Schalen trocknen bis sie braun sind. Dann einen 5 – Liter - Kanister halb mit den Schalen und halb mit den Kastanien befüllen und dann mit Spiritus übergießen, bis der Kanister voll ist. Den Kanister verschließen und an einem sonnigen Ort ca. 3 Monate stehen lassen, bis sich der Spiritus braun verfärbt, dann in Flaschen abfüllen.

Die Flüssigkeit kann als Umschlag verwendet werden, sie wirkt schmerzlindernd.

Krafttrunk

Zutaten:

Rotwein lieblich

Ei

Zucker

Zubereitung:

Das Eiweiß vom Eigelb trennen, dann den Rotwein und das Eigelb miteinander verschlagen, bis alles gut durchmischt ist, nun noch nach Belieben zuckern.

Dieser Trunk ist gut für das Blut und soll ein stärkendes Mittel sein, er wurde früher von älteren Menschen getrunken, um bei Kräften zu bleiben.

Löwenzahnhonig

Zutaten:

2 gehäufte Hände Löwenzahnblüten

1 Liter Wasser

½ Zitrone

1 kg Zucker

Zubereitung:

Heilmittel

Die Löwenzahnblüten mit dem Wasser zum Kochen bringen und über Nacht stehen lassen.

An nächsten Tag die Blüten abseihen und auspressen.

Die Zitrone in Scheiben schneiden und mit dem Zucker in den Saft geben. Den Herd auf niedrige Hitze einstellen, so dass die Flüssigkeit verdunstet und die Vitamine drin bleiben. Die Flüssigkeit solange erhitzen bis eine honigartige Masse entsteht, danach in Gläser abfüllen.

Spitzwegerichtee

Im Sommer vom Spitzwegerich die Blätter sammeln und trocknen. Wenn man Halsschmerzen, Husten, Asthma hat oder die Stimme weg ist, soll man den ganzen Tag lauwarmen Spitzwegerichtee trinken und zwischendurch mal gurgeln, es gibt kein besseres Heilmittel.

Wenn man eine kleine Wunde hat, soll man die frischen Blätter des Spitzwegerichs kauen und dann auf die Wunde legen, ein Heftpflaster oder einen Verband drüber geben. Die Wunde wird desinfiziert und die Blutung wird gestoppt.

Tannenspitzenhonig

Zutaten:

1 kg frische hellgrüne Tannenspitzen

(ca. 1 – 2 cm lang)

3 Liter Wasser

Zucker

Zubereitung:

1 kg frische Tannenspitzen (im Frühjahr pflücken) 24 Std. in 3 Liter Wasser einweichen, danach ¼ Std. kochen und dann die Fichtentriebe abseihen. Auf ½ Liter Flüssigkeit 500 g Zucker zugeben. Solange kochen, bis man eine braune honigartige Konsistenz erhält, danach kann die Masse in Gläser abgefüllt werden.

Zwiebelsirup

Zutaten:

500 g zerschnitten Zwiebel

1 Liter Wasser

80 g Honig

400 g Zucker

Zubereitung:

Zutaten in 1 Liter Wasser 3 Std. lang kochen.

Abkühlen lassen und durchseihen. Ihn Flaschen abfüllen.

Hilft bei Bronchitis und Husten, täglich 4 – 5 Eßlöffel lauwarm einnehmen.

SCHWAMMERL

SCHWAMMERL

Heutzutage gelten die Schwammerl aus dem Bayerischen Wald als Delikatesse, das war aber nicht immer so. Wer in der Zeit der Hexenverfolgung Pilze sammelte, wurde als Hexer oder Hexe verschrien. Die Schwammerl wurden als Teufelszeug angesehen, da sie tödlich sein konnten. Als das Essen knapp war, versuchten sich viele anderweitig zu ernähren und da waren Pilze gefragt. Da sie aber viele nicht kannten, welche essbar und welche tödlich waren, gab es viele Pilzvergiftungen und Todesfälle.

Diejenigen, die essbare und giftige Pilze auseinander kannten, die waren automatisch mit dem Teufel im Bunde. Im 19. Jahrhundert wurden dann von den mittellosen Menschen die Pilze gesammelt und sie wurden das Fleisch der armen Leute genannt. Da die besser gestellten Menschen damals mit diesen Armen nichts zu tun haben wollten, lehnten sie diese Pilze als Nahrung ab. Erst ab der Mitte des 20. Jahrhunderts wurden die Pilze als Delikatesse entdeckt und aus dem Bayerischen Wald in die Großstädte verkauft. Viele Leute im Bayerischen Wald sammelten und sammeln diese Pilze um sie entweder selber zu verspeisen oder sie an Gasthäuser zu verkaufen. Die eingefleischten Schwammerlgeher haben ihre Schwammerlplätze im Wald, wo sie wissen, hier wachsen immer viele gute Speisepilze. Diese Schwammerlplätze werden nur vom Vater an den Sohn weiter gegeben, keiner wird sie einem Freund oder gar einem Fremden verraten. Diese Schwammerlprofis passen sogar auf, dass ihnen im Wald keiner folgt und sie gehen absichtlich Umwege um die Schwammerlspione in die Irre zu locken. So entsteht in der Schwammerlzeit ein regelrechter Wettkampf, wer die meisten Schwammerl gefunden hat, in den Wirtshäusern, an den Stammtischen, wird dann gern geprotzt, wie viel man wieder gefunden hat.

Einige Menschen haben kein Auge für die Schwammerl, sie können stundenlang im Wald umher gehen und nur ein paar Schwammerl finden, die anderen gehen am gleichen Tag später die gleiche Strecke und finden einen großen Korb voll.

Man sagt es gibt eine Schwammerlhexe, die einige Menschen blind für die Schwammerl macht und die anderen, die ihre Gunst haben, sehen die Pilze sogar unter den Blättern oder unterm Reisighaufen. Wer einen Giftpilz oder einen älteren Speisepilz achtlos umstößt, der zieht den Zorn der Hexe auf sich und dieser wird keinen großen Fund mehr machen.

Im Bayerischen Wald gibt es aber regional Unterschiede, wie die Schwammerl genannt werden, die einen sagen zum Beispiel Steinpilz „Woizerl“ die andern „Stoabojserl“.

Auch werden in unterschiedlichen Regionen nur bestimmte Pilze mitgenommen und andere gar nicht, in anderen Regionen ist es genau umgekehrt.

Mit der Beforstung durch den Harvester werden aber die Verbindungsnetze der Pilze sehr geschädigt und so findet man immer weniger Pilze. Durch das Gewicht dieser großen Forstmaschine werden die feinen Verbindungslinien abgedrückt und zerstört.

Pilzknödel

Zutaten:

500 g frische Waldpilze

500 ml Milch

30 g Butter

8 alte harte Semmeln

2 Eier

Mehl

Petersilie

Salz und Pfeffer

Zubereitung:

Die Semmeln in kleine Stücke schneiden und mit der heißen Milch überbrühen, dann Salz und Pfeffer dazu und die Masse durchkneten. Die Pilze klein schneiden und mit der Butter andünsten. Danach gibt man die Pilze mit den Eiern und der klein gehackten Petersilie zu den Semmeln. Alles gut durchkneten und dabei Mehl dazu geben bis ein Knödelteig entsteht. Aus dem Teig die Knödel formen und diese dann für 20 Minuten in kochendes Salzwasser legen.

Schwammersuppe

Zutaten:

Pilze

20 g Butterschmalz

Zwiebel

Mehl

2 gelbe Rüben

Petersilie

Salz, Pfeffer, Essig

Zubereitung:

Die frischen Pilze werden sauber gewaschen und geputzt, außerhalb der Schwammersaison können auch eingefrorene Pilze verwendet werden.

20 g Butterschmalz und eine halbe klein geschnittene Zwiebel mit Mehl stäuben und solange anbraten bis eine helle Einbrenne entsteht. Eine Doppelhand voll Pilze dazugeben und das ganze mit Wasser auffüllen, bis die Pilze gut bedeckt sind. Zwei gelbe Rüben in Scheiben schneiden und dazu geben, klein geschnittene Petersilie nach Geschmack dazu geben. Das ganze mit Salz, Pfeffer und Essig abschmecken und 45 Minuten köcheln lassen. Zum Schluss nach Geschmack mit Sahne verfeinern.

Wenn nötig, kann das ganze mit einem Mehlteiglein gebunden werden.

Dazu schmecken am besten Semmelknödel.

Bei den Waidlern werden folgende Pilze für die Schwammersuppe verwendet: Maronen, Steinpilze, Birkenpilze, Rotkappen, Zigeuner und Pfifferlinge, je nach dem was gerade gefunden wird.

Die Schwammersuppe, sagte man früher, durfte nur noch einmal aufgewärmt werden, beim zweiten Mal kann es sein, dass man krank werden kann.

SCHNUPFTABAK

SCHNUPFTABAKHERSTELLUNG

Früher stellten die Waidler ihren Schnupftabak selber her, sie nahmen dazu die getrockneten Blätter vom Virginiatabak und rieben sie solange, bis sie ein feines Pulver hatten.

Zum Reiben hatten sie eine Schnupftabakkraxe und einen Reibtrog, die Schnupftabakkraxe war ein Gestell, wo ein großer Schlegel aufgehängt war. Mit diesem Schlegel rieb man den Schnupftabak im Reibtrog.

Wichtig beim Reiben war, dass man den Tabak nicht zu schnell rieb da er sonst zu heiß wurde und die Geschmackstoffe des Tabaks verbrannten.

Zum Schnupftabakherstellen brauchten die Waidler ein bisschen Butterschmalz, darum wurde der Schnupftabak auch Schmaizler genannt.

Je nach Region oder Geschmack des Herstellers, fügte man dem Schnupftabak noch einen oder mehrere Zusatzstoffe für den Geschmack hinzu.

Hier wurde zum Beispiel verwendet:

Blutwurz, Bärwurz, Rum, getrocknete Zwetschgen oder anderes getrocknetes Obst, oder heutzutage ätherische Öle.

Laut alten Schnupftabakmachern wurde früher auch eine Messerspitze abgelöschter Kalk bei gefügt, dies sollte dem Schnupftabak mehr schärfe verleihen.

Der Virginiatabak wurde später vom Brasiltabak abgelöst, da dieser Aromatischer war.

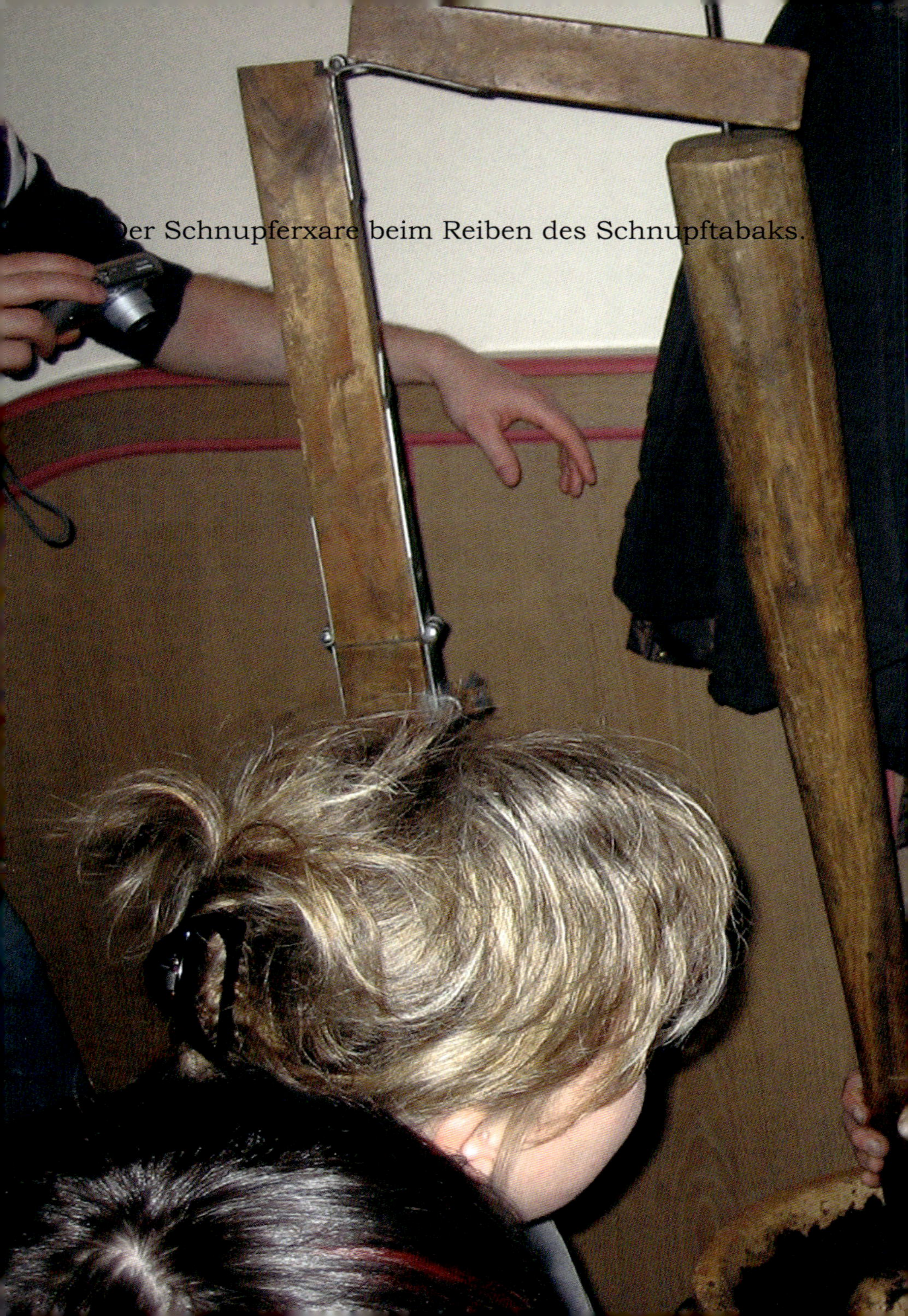

Der Schnupferxare beim Reiben des Schnupftabaks.

Suppen

Biersuppe

Zutaten:

1 Liter helles Bier

50 g Zucker

¾ Liter Vollmilch

30 g Mehl

2 Eier

Zubereitung:

Den Liter Bier mit 50 g Zucker aufkochen. Die Milch mit den Eiern und dem Mehl gut verrühren. Das Gemisch in das aufkochende Bier einrühren und 5 Minuten kochen lassen. Beim Kochen immer wieder gut umrühren.

Brotsuppe

Zutaten:

1 große Zwiebel

1 Liter Fleischbrühe

1 Leberwurst

Schnittlauch

Brot

Zubereitung:

Brot in kleine Stücke schneiden und in eine Schüssel geben. Zwiebel in Ringe schneiden und in einer Pfanne anbraten.

Den Schnittlauch in kleine Stücke schneiden und mit der Fleischbrühe zu den Zwiebeln in die Pfanne geben, kurz aufkochen lassen.

Anschließend die Leberwurst dazu geben.

Zum Schluss alles über das Brot gießen.

Knoblauch – Brotsuppe

Zutaten:

Brot

Knoblauch

Butter

Wasser

Zubereitung:

Brot in Scheiben schneiden und in einen Suppenteller legen. Knoblauch nach belieben auch in Scheiben schneiden und über das Brot streuen. Dann etwas Wasser mit einem Stück Butter aufkochen lassen und über das Brot und den Knoblauch schütten.

Man riecht zwar nach Knoblauch, aber das Immunsystem wird gestärkt.

Hirgstmil (Herbstmilch)

Zutaten:

Frische Bauernmilch

Wasser

Salz

Zubereitung:

Man nimmt ein frische Bauernmilch und schüttet diese in ein Gefäß aus Stein oder Ton, dazu gibt man ein paar saure Weintrauben. Die Milch dann täglich umrühren, bis sie nach ein paar Wochen ganz dick ist und säuerlich schmeckt. Das graue Gärwasser, das sich an der Oberfläche bildet, sollte abgeschöpft werden. Ist die Milch dann säuerlich, kann sie für die Hirgstmilsuppn verwendet werden.

Wer den Vorgang beschleunigen will, kann statt der Milch Dickmilch nehmen, diese müsste dann nach ca. zwei Wochen fertig sein.

Wenn man von der Hirgstmil für die Hirgstmilsuppe etwas entnimmt, kann man diese wieder mit Dickmilch auffüllen, so geht einem die Hirgstmil den ganzen Winter nicht aus.

Wichtig ist, dass die Hirgstmil an einem kühlen Ort steht und man mit äußerster Sauberkeit arbeitet.

Hirgstmilsuppe

Hier nimmt man eine große Tasse von der Hirgstmil, in diese gibt man unter ständigen Rühren drei Esslöffel Mehl. Dann erwärmt man in einem Topf einen dreiviertel Liter Wasser, in dieses Wasser gibt man nun die vorher mit Mehl angemachte Hirgstmil. Die Flüssigkeit im Topf unter ständigem Rühren zum Kochen bringen. Dann mit einem viertel Liter Sahne und etwas Salz abschmecken.

Zu dieser Hirgstmilsuppn schmeckt am besten, wenn man sich eine Scheibe frisches Bauernbrot einbrockt. Es können aber auch gekochte Kartoffeln dazu gegessen werden.

Die Hirgstmil war früher ein Armeleuteessen, da es sehr günstig hergestellt werden konnte. Heute wird diese Hirgstmil nur noch selten angesetzt, obwohl sie sehr gesund wäre. Sie soll den Magen und Darm beruhigen.

Saure Milch Suppe

Zutaten:

1 Liter Milch

1 gehäuften Teelöffel Mehl

1/8 Liter Rahm

Zubereitung:

1 Liter Milch vom Bauern einige Tage stehen lassen, bis die Milch gestockt ist und sich eine dicke Rahmschicht gebildet hat.

Den Rahm nimmt man ab, die gestockte Milch gibt man in einen Topf und lässt sie bei schwacher Hitze aufkochen.

Man seiht nun den Topfen, der sich gebildet hat ab und gibt die Milch wieder in den Topf. Den gehäuften Teelöffel Mehl rührt man mit etwas Wasser fein, vermischt es unter ständigem Rühren mit der Milch im Topf, lässt es nochmals kurz aufkochen und stellt es dann zur Seite.

Anschließend vermengt man den Topfen mit dem Rahm und rührt ihn in die Milch.

Je nach Geschmack noch Salz dazu geben.

AUFSTRICHE

Erdäpfelkäs

Zutaten:

ca. 500 g mehlige Kartoffeln

2 Zwiebeln

250 g Sauerrahm 10 % Fett

200 ml Schlagsahne

Salz und Pfeffer

Schnittlauch

Zubereitung:

Kartoffel kochen, abschälen und durch die Kartoffelpresse drücken. Zwiebeln schälen und in kleine Würfel schneiden und dann andünsten. Die Zwiebeln mit dem Sauerrahm und der Sahne unter die Kartoffeln mischen. Mit Salz und Pfeffer abschmecken. Nach belieben Schnittlauch klein schneiden und über den Kartoffelkäse streuen oder drunter mischen.

Kree

Zutaten:

1 Stange

Meerrettich

1 Prise

Salz

Helle Mehlschwitze

Sahne

Zubereitung:

Meerrettich schälen und mit einer Reibe klein reiben, helle Mehlschwitze herstellen.

Geriebenen Meerrettich dazu geben und salzen.

Mit Sahne je nach Belieben aufgießen.

Mehlschwitze:

Fett erhitzen, mit Mehl stäuben und rühren, bis eine helle Mehlschwitze entsteht.

Leberwurst

Zutaten:

Nieren

Herz

Zunge

Leber

Zwiebeln

Darmfett

Zubereitung:

Alle Innereien, Zwiebeln und das Darmfett durch einen Fleischwolf drehen, nach Gefühl und Geschmack mit Pfeffer, Salz, Majoran und ein wenig Wurstsuppe würzen. Dann in einen Schweinedünndarm oder einen Kunstdarm abfüllen und bei 80°C ca. 20 Minuten brühen. Wichtig ist, die Temperatur sollte nicht überschritten werden.

Das Darmfett wird für den Geschmack und die Geschmeidigkeit dazugegeben.

Wurstsuppe ist das Wasser, in dem das Kesselfleisch oder die Schweineköpfe für den Pressack gekocht wurden.

Obatzter

Zutaten:

150 g Camembert

150 g Limburger oder Romandur

100 g Butter

1 kleine Zwiebel

1 Teelöffel Paprika

1 Teelöffel gemahlender Kümmel

Pfeffer und Salz

Zubereitung:

Den Camembert, Limburger und Butter zerdrücken und durchmischen, die Zwiebel sehr klein schneiden und dann mit den Zutaten gut durchmischen. Salz und Pfeffer nach Belieben dazugeben und fertig ist der Obatzte.

Knödel

Brezenknödel

Zutaten:

6 Brezen

3 Eier

200 ml Milch

Salz

Zubereitung:

Die Brezen klein schneiden und mit heißer Milch übergießen, danach die 3 Eier darüber geben und mit einer Prise Salz alles kräftig verkneten. Mit beiden Händen runde Knödel formen und ins kochende Salzwasser geben. Die Knödel etwa 20 Minuten darin ziehen lassen und fertig sind die Brezenknödel. Der Teig kann je nach Geschmack mit Muskatnuss oder Petersilie verfeinert werden.

Reibeknödel

Zutaten:

1,5 kg Kartoffeln

Salz

2 Semmeln

Wasser

Zubereitung:

Ein Kilogramm frische geschälte Kartoffeln werden auf einer Reibe fein gerieben.

Inzwischen werden 500 g Kartoffeln gekocht und geschält. Die geriebenen Kartoffeln werden in einem Handtuch trocken ausgepresst und den gekochten, durchgedrückten Kartoffeln vermischt. Die Kartoffelmasse wird gesalzen. Zwei Semmeln werden in dünne Scheiben geschnitten und unter die Masse geknetet. Anschließend werden Knödel geformt

und ca. 30 Minuten in Salzwasser gegart.

Semmelknödel

Zutaten:

10 geschnittene Semmeln

300 ml Milch

4 Eier

Salz

Zubereitung:

Die geschnittenen Semmeln in eine Schüssel geben und mit der heißen Milch übergeben. Die 4 Eier über die aufgeweichten Semmeln geben, eine Prise Salz dazu und alles kräftig verkneten. Dann mit beiden Händen runde Knödel formen und diese in kochendes Salzwasser geben und 20 Minuten ziehen lassen.

Zu dem Knödelteig kann man je nach belieben Petersilie oder Muskatnuss dazu geben.

Speckknödel

Zubereitung

250 g Speck wird in einer Pfanne angeröstet und dann unter den Semmelknödelteig, wie oben beschrieben, gemischt.

Gwischste Knödel

Zutaten:

500g Roggenmehl

Salz

Wasser

Zubereitung:

500 g Roggenmehl mit einer Prise Salz und etwas Wasser verrühren bis ein fester Teig daraus entsteht. Von diesem Teig dann kleine Stücke entnehmen und zu einem Knödel rollen, diese Knödel sollen einen Durchmesser von etwa 5 cm haben. Den Knödel dann für 10 Minuten in kochendes Salzwasser legen.

KRAUT

Bayrischer Krautsalat mit Speck

Zutaten:

1 kleiner Kopf Weißkraut

Salz

Pfeffer

Kümmel

150 g durchwachsener Speck

4 EL neutrales Öl 4 EL Weißweinessig

Zubereitung:

Das Kraut fein schneiden und in eine Schüssel geben. Eine große Menge Salz dazu geben. Das Kraut 5 Minuten kräftig durchkneten, bis es weich und saftig wird. Den Speck in kleine Würfel schneiden. Das ÖL in der Pfanne erhitzen und den Speck darin knusprig braten. Den Speck mit Öl und Essig zum Kraut dazu geben und untermischen. Den Krautsalat mit Pfeffer und Kümmel würzen danach 10 min durchziehen lassen.

Sauerkraut

Zutaten:

50 kg Weißkraut

5 große Zwiebeln

500 g Salz

Kümmel

Wacholderbeeren.

Zubereitung:

Von den Weißkrautköpfen die äußeren Blätter und den Strunk entfernen und hobeln. In das Krautfass eine etwas 20 cm hohe Schicht Kraut einfüllen und salzen. Einen Teil der in Scheiben geschnittenen Zwiebeln dazu geben, Kümmel nach Belieben und 4 Wacholderbeeren. Diese Schicht feststampfen, bis der Krautsaft austritt, so weiter Schicht für Schicht einfüllen und immer feststampfen. Obendrauf mit Krautblättern abdecken und dann mit einem Holzbrett abdecken, das Holzbrett noch mit einem Stein beschweren. Wichtig ist, dass das Brett und das Kraut immer unter dem Krautsaft sind. Nach der Gärung die sich bildende Kahmschicht entfernen, das Sauerkraut kann nun verzehrt werden. Das Sauerkraut ist nach der Gärung am besten.

Das Kraut kann nun in Portionen eingefroren werden, früher wurde es im Fass gelassen, da es noch keine Möglichkeit gab es einzufrieren, jedoch wird das Sauerkraut mit der Zeit immer saurer.

Süsses Kraut

Zutaten:

1 kleiner Weißkrautkopf

60 g. Butter

Mehl

Brühwürfen

Salz

Pfeffer

Essig

Zucker

Zubereitung:

Den Krautkopf klein hobeln und in einem Topf mit gesalzenem Wasser weich kochen. Nicht zu viel Wasser, das Kraut sollte nur leicht überdeckt sein.

In einer Pfanne die 60 g Butter zerlaufen lassen und mit etwa 3 Esslöffel Mehl ein Einbrenne herstellen. Die Einbrenne dann mit etwas Wasser aus dem Topf, wo das Kraut kocht, aufgießen. Die Einbrenne dann in das Kraut einrühren. Nun nach Geschmack mit Salz, Pfeffer, Essig, 1 – 2 Brühwürfel und Zucker würzen. Diese Suppe soll nicht zu dick werden und etwas süß – sauer schmecken. Nun kann man noch eine Lyoner in Scheiben schneiden und in die Krautsuppe geben.

Wenn nun die Wurst warm ist, kann das süße Kraut serviert werden.

Mehl & Fastenspeisen

Beschwiebste Apfelkücherl

Zutaten:

2 Eier

S00 g Apfel

20 g Zucker

200 g Mehl

Liter Weißwein

(es kann aber auch Milch verwendet werden)

Zubereitung

Das Eigelb wird von dem Eiweiß getrennt. Das Eigelb mit dem Mehl, Zucker und dem Weißwein zu einem Teig verrühren und eine kurze Zeit ruhen lassen. Das Eiweiß steif schlagen und dann unter den Teig heben. Die Äpfel in ca. 2 cm dicke Scheiben schneiden, Kernhaus entfernen und in den Teig tauchen. Das mit Teig bedeckte Apfelstück dann in heißem Fett knusprig backen. Vor dem Servieren kann man die Apfelkücherl noch mit Puderzucker bestreuen. Nach Geschmack kann man in den Teig etwas Zimt mischen.

Apfeltörtchen mit Vanilleeis

Zutaten:

1 Packung Tiefkühl-Blätterteig

(Eine Teigblatte reicht für 2 Törtchen)

4-6 kleine Äpfel

100 g Puderzucker

Vanilleeis

Zubereitung:

Teigplatte etwas auswellen, aus einer Platte 2 Kreise von ca 13 cm Durchmesser ausschneiden.

Apfel schälen, halbieren, vierteln, Kernhaus entfernen, in sehr dünne Spalten schneiden, diese auf die Teigkreise legen, dabei rundum einen etwa 1 cm schmalen Rand freilassen und mit Puderzucker ein stäuben.

Törtchen auf mit Backpapier belegten Blech im vorgeheizten Ofen bei 225 - 250 °C etwa 15 Minuten backen.

Apfeltörtchen sofort servieren mit einer Kugel Vanilleeis, die dann langsam auf dem warmen Kuchen schmilzt.

Dampfnudeln

Zutaten:

FÜR DEN HEFETEIG:

250 ml warme Milch

100 g Butter

500 g Mehl (Type 405)

60 g Zucker

1 Prise Salz

½ Würfel frische Hefe (ca. 21 g)

2 Eigelbe (Gr. M)

Etwas Mehl zur Teigverarbeitung

AUSSERDEM:

300 ml Milch

50 g Butter

½ TL Salz

1 EL Zucker

Etwas Vanillesauce

Anstatt der frischen Hefe kannst du natürlich auch gerne Trockenhefe verwenden. Als Ersatz für einen halben Würfel frischer Hefe benötigst du 1 Pck. Trockenhefe.

Zubereitung:

Milch mit Butter in Stücken in einem Topf erwärmen. In einer Rührschüssel das Mehl mit Zucker und Salz vermischen. Hefe darüber bröckeln. Eigelbe und lauwarme Milch-Mischung zufügen und mindestens 5 Minuten mit den Knethaken zu einem geschmeidigen Hefeteig kneten. Rührschüssel mit einem Geschirrtuch abdecken und den Teig ca. 45 Minuten ruhen lassen.

Teig auf einer leicht bemehlten Arbeitsfläche in 5 Portionen teilen. Jedes Teigstück zu einer Kugel formen. Eventuell entstandene Falten in der Teigkugel sollten auf der Unterseite versteckt werden. Erneut zugedeckt 30 Minuten ruhen lassen.

Milch, Butter, Salz und Zucker in eine beschichtete Pfanne oder einen breiten Topf mit Deckel (mind. Ø 28 cm) zum Kochen bringen. Aufgegangene Hefeklöße vorsichtig hineinsetzen. Mit dem Deckel direkt verschließen und bei niedriger Hitze etwa 30 Minuten dämpfen. Dabei niemals den Deckel öffnen, sonst fallen die Hefeklöße zusammen.

Auch wenn man denkt, dass die Milch anbrennen wird, sollte die Dämpfzeit von 30 Minuten eingehalten werden. Nach den 30 Minuten den Topf mit geschlossenem Deckel 5 Minuten stehen lassen. Deckel öffnen, Dampfnudeln einzeln auf Teller portionieren und nach Belieben mit Vanillesauce servieren.

Fingernudeln

Zutaten:

1 kg Kartoffeln

2 Eier

Mehl

Salz

Fett

Zubereitung:

Die mehligen Kartoffeln kochen, schälen und noch heiß durch ein Sieb pressen. Anschließend abkühlen lassen. Den Kartoffelteig mit den Eiern und dem Salz verkneten. Sollte der Teig zu weich sein, kann man etwas Mehl dazu geben, damit der Teig fest wird.

Fett in einer Pfanne erhitzen.

Aus dem Teig fingerdicke Röllchen formen und in reichlich Fett ausbacken, bis sich eine braune Krusten rundherum gebildet habt.

Gebratene Holunderblüten

Zutaten:

Pfannkuchenteig

Holunderblüten

Zubereitung:

Holunderblüten waschen, einen Pfannkuchenteig herstellen, Fett erhitzen, die Holunderblüten in den Pfannkuchenteig tauchen und im Fett heraus braten.

Pfannkuchenteig:

Zutaten:

1/2 Liter Milch

Eier

1 Prise Salz

Mehl, bis ein sämiger Teig entsteht

Grai Waka oder Holzhauer Brotzeit

Zutaten:

10 Semmeln

8 Eier

Salz

Butter

Zubereitung:

Man nimmt 10 frische Semmeln und reißt sie in etwa walnussgroße Stücke. Dann schlägt man 8 – 10 Eier in eine Schüssel und salzt sie, eine Hand voll klein geschnittenen Schnittlauch dazu geben und vermengen. Dieses Eiergemisch dann mit den Semmelstücken locker vermischen. 250 g gute Butter in einer Reine zerlaufen lassen, bis die Butter zu schäumen beginnt. Das Eiersemmelgemisch locker in die Reine geben und einige Flocken Butter rauf legen, dann bei 250 °C im Backofen goldbraun backen. Der Grai Waka kann warm oder kalt gegessen werden. Dieses Essen soll Kraft bringen und wurde gern von den als Brotzeit mit in den Wald genommen.

Gretzte Semmelknödel

Zutaten:

1 kalter übrig gebliebener Semmelknödel

1 Ei

Salz

Butter

Zubereitung:

Semmelknödel in kleine Stücke schneiden, Butter in einer Pfanne erhitzen, den Semmelknödel dazu geben und goldbraun anbraten. Das Ei dazu geben und gleich umrühren und mit etwas Salz würzen. Knödel und Ei solange weiter braten, bis das Ei gestockt ist, dann sind die geretzten Semmelknödel fertig.

Gschnittene, bratene Nudeln

Zutaten:

500 g Mehl

3 Eier

Salz

Milch

Butter

Zubereitung:

Das Mehl mit den Eiern, einem Teelöffel Salz und etwas Milch in eine Schüssel geben und gut verrühren. Soviel Milch dazugeben, bis ein mittelfester Teig entsteht, der sich gut ausrollen lässt. Den Teig dann dünn ausrollen und in etwa 5 cm breite Streifen schneiden. Von den Streifen dann schmale Nudeln abschneiden und in eine mit Fett ausgestrichene Bratreine legen. Die Nudeln dann in der Bratröhre goldbraun backen lassen.

Kurz bevor die Nudeln fertig sind, ca. 50 g Butter mit einem achtel Liter Milch erhitzen und wenn die Butter zerronnen ist, wird die Milch über die Nudeln geschüttet. Wenn nun die Milch etwas eingezogen ist und die Nudeln saftig sind, kann man die Nudeln essen.

Am besten schmeckt Buttermilch oder etwas Kraut dazu.

Hirtastecker

Zutaten:

1 kg Kartoffeln

200 - 300 g Mehl

3 - 5 Eier

500 ml Milch

2 EL Butterschmalz

30 g Butterflocken

Zubereitung:

Kartoffel kochen, reiben und mit Mehl einen Kartoffelteig machen, alles gut durchkneten und in eine fingerdicke Rolle formen, diese in etwa 10 cm lange Streifen schneiden und in eine Bratreine geben und goldgelb backen lassen, dann gibt man Eiermilch und Butterflöckchen oben auf und lässt noch mal alles backen, bis keine Milch mehr zu sehen ist.

HOIBAWACKA

Zutaten:

Pfannkuchenteig

Butter

Heidelbeeren

Zubereitung:

Einen Pfannkuchenteig herstellen, diesen in eine gut mit Butter ausgestrichene Bratreine geben und in der vorgeheizten Bratröhre etwas anziehen lassen, dann eine großzügige Menge Heidelbeeren drüber streuen und weiter backen lassen. Wenn der Teigrand braun wird, ist der Wacka fertig.

Hosenknöpfe

Zutaten:

Kartoffeln

Salz

Mehl

Zubereitung:

Am Vortag Kartoffeln kochen, diese Kartoffeln dann reiben, salzen und mit Mehl zu einem Teig verkneten, den Teig dann zu fingerdicken Nudeln formen und dann in 2 cm lange Stücke schneiden. Die Hosenknöpfe in der Pfanne goldgelb heraus backen.

Dazu kann man Sauerkraut oder Apfelmuss essen oder Buttermilch trinken.

Mehlschmarren

Zutaten:

¾ pfd. Mehl

2-3 Eier

½l Milch (Magermilch)

Salz, Fett zum Ausbaden

Zubereitung:

Man rührt einen dicken Pfannkuchenteig, den man in kleine Portionen auf der Pfanne ausbacken Zerbricht und gezuckert. Man kann auch den ganzen Teig in einer großen Reine im Rohr backen.

PFAUNSCHERL

Zutaten:

Eier

Butter

Zucker oder Salz und Pfeffer

Zubereitung:

Man nimmt eine kleine Pfanne, erhitzt sie und lässt etwas Butter darin zergehen, dann schlägt man so viele Eier in die Pfanne wie man essen will.

Die Eier dann solange umrühren, bis sie die gewünschte Festigkeit haben, dann auf ein Teller geben und mit Zucker oder Salz und Pfeffer überstreuen, je nach Geschmack.

Eigentlich genau so wie Rühreier, nur im Bayerischen Wald wird es eben Pfaunscherl genannt.

Reibezeltl

Zutaten:

1 kg Kartoffeln

2 Eier

Salz

Fett zum Herausbacken

Zubereitung:

Die Kartoffeln reiben und dann mit einem Tuch leicht auspressen, die übrigen Zutaten dazu geben.

Fett in einer Pfanne erhitzen, Handgroße, ca. 5 mm dicke Puffer aus der Masse formen und im Fett goldbraun herausbraten. Zu den Reibezeltl kann man Apfelmus servieren.

Rohrnudeln (Gerbernul)

Zutaten Hefeteig:

500 g Mehl

20 g Hefe

300 ml Milch

50 g Zucker

60 g Butter

1 Ei

eine Prise Salz

Zutaten für die Füllung:

Zerlassene Butter, eingelegte Zwetschgen oder Marmelade

Zubereitung:

Man schüttet die Zutaten für den Hefeteig in eine Schüssel und vermischt sie solange, bis sich der Teig von der Schüssel löst. Gegebenenfalls noch etwas Mehl dazu geben. Die Schüssel mit einem Tuch abdecken und an einen warmen Ort stellen. Nun sollte der Teig aufgehen, wenn er sein Volumen verdoppelt hat, kann man den Teig etwa daumenstark ausrollen. Man schneidet nun etwa 10 cm breite und lange Vierecke aus und gibt in die Mitte der Vierecke die gewünschte Füllung. Entweder nur Marmelade oder eingelegte Früchte wie Zwetschgen. Nun die Seiten hochklappen und zusammen kleben, so dass die Füllung völlig verschlossen ist. Eine Bratreine gut mit zerlassener Butter einstreichen, die Rohrnudeln ebenfalls rundum mit der Butter bestreichen und eng nebeneinander in die Reine legen. Am besten mit der verklebten Seite nach unten, so bricht sie nicht auf. Die Reine mit einem Tuch abdecken und die Rohrnudeln noch mal an einem warmen Ort, 30 Minuten gehen lassen. Dann die Reine bei 170°C 30 Minuten im vorgeheizten Backofen backen lassen, bis die Nudeln eine schöne braune Oberfläche bekommen.

Die Nudeln können heiß mit Vanillesoße oder einfach mit Puderzucker bestreut gegessen werden. Auch kalt mit Puderzucker schmecken sie hervorragend zum Kaffee.

Schoarnblattl

Zutaten:

Mehl

Wasser

Salz

Fett oder Butter zum Anbraten

Ei

Schnittlauch

Zubereitung:

Die Schoarnblattl selber bestehen aus Mehl, Wasser und Salz, alles wird gemischt und dann gebacken. Man bekommt sie meistens in Bäckereien, kann sie aber selber auch herstellen.

Die Schoarnblattl brechen und in ein Nudelsieb geben, das Nudelsieb in einen Topf oder eine Schüssel stellen. Die Schoarnblattl dann mit heißem Wasser übergießen, und solange im Wasser lassen, bis sie weich werden. Die Schoanblattl aus dem Wasser nehmen und in einer Pfanne oder Reine mit etwas Fett oder Butter anbraten. Ein Ei aufschlagen und über die Schoarnblattl geben, nun weiter braten, bis das Ei eingezogen ist. Fertig sind die Schoarnblattl. Es kann beim Braten Schnittlauch dazu gegeben werden.

Fuchsenfutter

Zutaten:

Kartoffeln

Schoarnblattl

Schnittlauch

Fett oder Butter zum Anbraten

Zubereitung:

Kartoffeln kochen und in Scheiben schneiden, die Schoarnblattl wieder in heißes Wasser einweichen, wenn sie weich sind abseihen. Nun die Schoarnblattl und die Kartoffeln in einer Pfanne, mit etwas Schnittlauch, anbraten.

Semmelstriezel

Zutaten:

Ca 10 Semmel

3-4 Eier

Zimt

Zucker

Fett

Zubereitung:

Semmel in ca. 1cm dicke Scheiben schneiden, im Ei Wälzen anschließend im Fett ausbacken (Pfanne oder Fritteuse) und danach mit Zimt und Zucker bestäuben.

Sengzelten

Zutaten:

Sauerteig

Zubereitung:

Der Teig des Sengzeltens ist der gleiche Teig wie der Sauerteig. Diesen Teig ausrollen, so dass er eine Dicke von etwa 1 cm und einen Durchmesser von etwa 20 cm hat. Den Teig kann man in einem vorgeheizten Ofen oder über dem Grill backen. Wenn der Teig fertig gebacken ist, so etwa nach fünf Minuten, er soll noch nicht cross aber auch nicht mehr zu teigig sein, kann man den Sengzelten mit Rahm bestreichen und mit Schnittlauch bestreuen. Man kann den Sengzelten, vor dem Backen, aber auch mit Tomatensoße bestreichen und mit Schinken und Käse bestreuen. Dies ist dann eine Waidlerpizza.

Sauerteig »Ura«

Man nehme eine Tasse Mehl (Roggen - Weizen oder Dinkel) und lauwarmes Wasser. Das Mehl mit dem lauwarmen Wasser sahnig rühren. Einen Tag an einem warmen Ort stehen lassen.

Am nächsten Tag eine Tasse Mehl nachrühren und mit lauwarmen Wasser glatt rühren.

Das Gleiche am 3. Tag.

Am 4. Tag alle 4 - 5 Stunden füttern mit jeweils einer Tasse Mehl und lauwarmes Wasser, den Teig solange rühren, bis er Luftblasen bildet.

Diese Menge des Teiges reicht dann für 3 - 4 Brote je 1 kg.

Eine Prise Ausdauer und Geduld gehören ebenfalls dazu.

Sauerteig ist etwas Lebendiges und soll so behütet werden.

Steckerlbrot

Der Teig des Steckerlbrots ist der gleiche wie der des Sauerteigbrotes, diesen Teig ausrollen und in Streifen schneiden. Die Streifen rund rollen, so dass sie ca. 1,5 cm Durchmesser haben und 25 cm lang sind. Diese Rolle dann um einen ca. 1,5 cm dicken und 1 Meter langen Ast wickeln, so dass die Rolle das vordere Drittel des Astes umwickelt hat. Dann kann der Ast über das offene Feuer gehalten werden, wo der Teig unter ständigem Drehen gebacken wird.

Spatzen

Zutaten:

1 Pfund Mehl

Salz

3 Eier

Milch

150 g Butter

Schnittlauch

Zubereitung:

Das Mehl mit 2 Prisen Salz und den 3 Eiern in eine Schüssel geben, die Milch dazu schütten und verrühren, bis es einen sämigen Teig gibt. (ca. 300 ml Milch) Den Teig solange verrühren, bis er die ersten Blasen wirft.

Im Kochtopf 2 Liter Wasser zum Kochen bringen und Salz dazu geben. Mit einem großen Esslöffel die Spatzen aus dem Teig ausstechen und ins Salzwasser geben, 150 g Butter dazu und ca. 10 min köcheln lassen. Kurz vor dem Servieren Schnittlauch nach Belieben ins kochende Wasser werfen.

Servieren:

Die Spatzen und das Salzwasser in einem Suppenteller servieren und mit Salz und Pfeffer nach Belieben verfeinern.

Statt dem Salz und Pfeffer kann man sie auch mit Zucker süßen.

Strizl

Zutaten:

280 g Mehl

70 g Butter

2 Esslöffel Rahm

3 – 4 Eier

1 Prise Salz

Esslöffel Zucker

etwas Backpulver

1,5 Stangen Pflanzenfett

Puderzucker

Zubereitung:

Mehl auf ein Brett sieben und dann in der Mitte ein Loch machen.

Butter in kleine Flöckchen schneiden und diese mit den restlichen Zutaten in das Mehlloch geben.

Mit einer Gabel langsam die Zutaten vermengen.

Die vermengten Zutaten zu einem Teig kneten (Achtung nicht zu viel Mehl hinzufügen, auch wenn er sehr stark an den Fingern klebet, sonst werden die Strizl zu fest).

Fett in einem Topf erhitzen.

Einen kleinen Teil vom Teig abschneiden und diesen mit einen Nudelholz sehr dünn ausrollen.

Mit einem Teigrad Rauten ausschneiden.

In der Mitte der Rauten mit dem Rad ein Loch einschneiden.

Die Rauten mit einer Seite durch die Mitte drehen und diese dann in das heiße Fett geben und gold-braun herausbacken.

Strizl zum Abtropfen auf ein Küchenkrepp legen.

Vor dem Servieren mit Puderzucker bestreuen.

Sterz

Zutaten:

500 g mehlige Kartoffeln

Mehl nach Bedarf

1 Prise Salz

Fett

Zubereitung:

Kartoffeln kochen und einen Tag kühl stellen. Am nächsten Tag pellen und mit einem Kartoffelgitter dünn reiben. Eine Prise Salz dazugeben und Mehl nach Bedarf untermischen. Kartoffeln und Mehl solange zwischen den Händen reiben, bis kleine Kügelchen (ca. 3 mm) entstehen. Sollten bei dem Reiben keine Kügelchen entstehen, mehr Mehl zugeben. Die Kügelchen werden in kleinen Mengen nacheinander in einer Pfanne mit reichlich Fett angebraten. Der Sterz kann mit Sauerkraut oder mit Apfelkompott serviert werden. Der Sterz kann auch nach Belieben mit Zucker bestreut werden.

Zimtnudeln

Zutaten:

500 g Mehl

100 g Butter

2 Eier

50 g Zucker

30 g Hefe

Salz

¼ Liter Milch

Zubereitung:

Einen nicht zu festen Hefeteig fertigen, in der Schüssel zudecken und gehen lassen, mit einem Löffel Nudeln ausstechen, handgroß länglich formen und aufs Brett legen. Das Brett wieder mit einem Tuch abdecken und nochmals gehen lassen. Fett auf ca. 180°C erhitzen.

Eier in eine Schüssel schlagen, gut durchrühren, die Nudeln eintauchen und im Fett heraus backen, gut abtropfen lassen und dann mit einer Zuckerzimtmischung von allen Seiten gut bestreuen oder darin eintauchen.

Zuckerbrot

Eine Scheibe Brot mit Butter bestreichen und dann auf den Butter Zucker streuen, fertig ist das Zuckerbrot. Als es früher noch keine Schokoriegel gab, war das Zuckerbrot das Höchste für die Kinder.

Streichwurstbrot mit süssem Senf

Eine Scheibe Brot wird mit Streichwurst bestrichen, dann streicht man über die Streichwurstschicht noch eine Schicht mit süßem Senf, schmeckt hervorragend.

Knoblauchbrot

Eine Scheibe Brot mit Butter bestreichen, dann ein paar Zehen Knoblauch abschälen und in Scheiben schneiden, die Knoblauchscheiben dann auf das Butterbrot verteilen und essen.

Wer dieses täglich macht, soll hundert Jahre alt werden.

Käsebrot

Eine Scheibe Brot mit einem Streichkäse bestreichen, dann diese Käseschicht mit Paprika, Salz und Pfeffer beliebig bestreuen.

Zwetschgenbafesen

Zutaten:

10 Semmel

3-4 Eier

Zwetschgenmarmelade

Fett

Zimt

Zucker

Puderzucker

Zubereitung:

Semmel in ca. 1 cm dicke scheiben schneiden, mit Marmelade bestreichen und mit einander zusammenkleben, und danach im Ei Wälzen und anschließenden im Fett ausbacken (Pfanne). Mit Zimt und Zucker oder Puderzucker bestäuben.

Zwetschgenknödel

Zutaten:

Quarkteig:

500g Quark

eine Prise Salz

1 Ei

200g Mehl

1 TL Backpulver

Oder Kartoffelteig:

500g gekochte Kartoffeln

(durchpressen und auskühlen lassen)

2 Eier

80-100g Mehl

½ TL Salz

5 EL Semmelbrösel

weitere Zutaten:

500 – 750g Zwetschgen (entkernt)

Würfelzucker

80g Butter

150g Semmelbrösel

1-2 EL Zucker

Zubereitung:

Die Zutaten rasch zu einem geschmeidigen Teig verarbeiten.

In jede Zwetschge ein Stück Zucker legen;

Mit einem Teelöffel Stückchen vom Teig abstechen und in jedes eine Zwetschge wickeln, zu kleinen Knödeln formen.

In leicht kochendem Salzwasser die Knödel ca. 10 Minuten sieden.

Die Semmelbrösel zusammen mit der Butter und dem Zucker in einer Pfanne rösten.

Die Knödel aus dem Wasser nehmen und in den gerösteten Semmelbröseln wenden.

Je nach Geschmack mit Zimt und Zucker bestreuen.

Reindlfuchs

Zutaten:

300 g Mehl

4 Eier

350 ml Milch

1 Teelöffel Backpulver

Salz (nach Belieben)

Zubereitung:

Die Zutaten gut mischen und dann den Teig in ein vorgefettetes Reindl gießen, bis der Reindlboden gut bedeckt ist. Bei 180 °C in den Ofen geben, den Teig so lange backen bis er Blasen wirft und schön braun ist. (schöne Ramerl hat)

Den Reindlfuchs aus dem Ofen nehmen und in große Stücke reißen. Dazu schmeckt sehr gut Salat.

G´hopste Earpfe

Zutaten:

500 g Kartoffeln (vorwiegend festkochend)

½ Bund Schnittlauch

1 Becher Sahne

Butter

Muskatnuß

Zubreitung:

Kartoffeln schälen und vierteln, die Kartoffeln dann im Salzwasser kochen. Schnittlauch klein schneiden (Menge nach belieben, umso mehr umso besser). Ein paar Stücke Butter auf die abgesottenen Kartoffeln legen.

Schnittlauch und Sahne dazugeben (Sahne je nach Belieben, ½ Becher dürfte reichen). Mit Muskatnuß nach Belieben würzen. Deckel auf den Topf mit den Zutaten und kräftig schütteln, damit die Kartoffeln hopsen.

Die g´hopsten Earpfe können als Beilage zu Fleisch und Fisch serviert werden.

Deftiges mit Fleisch

Altes Huhn mit Reis

Zutaten:

1 altes Huhn

½ Pfd Rindfleisch

2-3 l Wasser

Salz

Suppengrün

200 g Reis

1 Eßl Fett

1 Zwiebel

½-¾ l Hühnersuppe

Zubereitung:

Das vorbereitete Huhn und das Rindfleisch in einen großen Kochtopf geben und mit Salz und Suppengrün langsam 2-3 Stunden kochen. Den Reis nach Packungsbeilage kochen. Das Huhn zerlegen, Fleisch in Scheiben schneiden und mit Reis serviert auf einer Platte servieren.

Blutwurst

Zutaten:

2 kg Rückenspeck

2 – 3 Zwiebeln

2 – 2,5 l Frisches Schweineblut

Pfeffer

Salz

Majoran

Zubereitung:

Den Rückenspeck in kleine Würfel schneiden, in kochendem Wasser abschwenken bis er eine gräuliche Farbe annimmt. Zwiebeln klein schneiden und mit dem Speck vermischen. Die Masse dann mit Pfeffer, Salz und Majoran würzen. Anschließend das Schweineblut dazu geben und abschmecken. Die Masse in den Darm füllen und bei 80°C brühen lassen. Nach 15 – 20 Minuten einen Nadeltest machen und die größte Blutwurst anstechen, wenn kein Blut mehr durch das Nadelloch fließt, sind die Würste fertig. Nun noch abkühlen lassen und fertig sind die Blutwürste.

Böhmisches Geselchtes

Zutaten:

10 kg Fleisch (Wammerl oder Mageres)

in 1 kg oder 500g Stücke zerteilt

1,5 kg sehr feines Salz

1 Knolle Knoblauch

Zubereitung:

Den Knoblauch schälen und durch eine Knoblauchpresse pressen, danach gut mit dem Salz vermischen. Das Fleisch von allen Seiten mit dem Salz – Knoblauch Gemisch einreiben und in ein Steinfass legen. Das Fleisch sollte eng aneinander liegen, so dass fast keine Lufträume entstehen. Wenn das ganze Fleisch in dem Fass ist, wird alles mit überkochtem, abgekühltem Wasser übergossen, so dass das Fleisch ca. 5 cm unter Wasser ist. Nun ein Brett ins Fass legen und mit einem Stein beschweren. 5 – 6 Wochen lang eingelegt lassen. Danach das Fleisch aus dem Fass nehmen und zum Räuchern bringen.

Fleischsulz

Zutaten:

1 kg Schweinsknöcherl

1 kg Schweinenuss

1 kg Wammerl

2 große Zwiebeln

Salz, Pfeffer

Essigessenz

Zubereitung:

Das Fleisch abwaschen, die Knöcherl auf den Boden des Topfes legen und dann das Fleisch darauf legen. Den Kochtopf nun mit Wasser auffüllen, bis das Fleisch überdeckt ist.

2 große Zwiebeln in Würfel schneiden und mit in das Wasser geben, mit Salz, Pfeffer und Essigessenz verfeinern.

Alles zusammen aufkochen lassen, dann ca. 1 ½ Stunden köcheln lassen, bis das Fleisch schön zart ist. Während des Köchelns des öfteren die Säure abschmecken und gegebenenfalls Essigessenz nachfüllen.

Nach dem Kochen das Fett von der Oberfläche abschöpfen. Die Nuss und das Wammerl in Würfel schneiden und in Suppenteller verteilen. Jetzt die sich im Topf befindliche Brühe über das Fleisch gießen, bis es überdeckt ist.

Die Teller an einen kühlen Ort stellen und warten, bis der Sud geliert ist. Vor dem Essen noch mit Salz und Pfeffer nach Belieben würzen. Mit den Knöcherl kann das gleiche gemacht werden, diese Sulz nennt sich dann Knöcherlsulz.

Fleisch einsuren

Zutaten:

20 St. Fleisch ca. 1 – 1,5 kg

9 große Zwiebeln

3 große Zehen Knoblauch

Kümmel

Pökelsalz 28 Gramm pro Kilo Fleisch

1 Packung Wacholderbeeren (Krawentbirl)

¼ Packung Pfeffer

mindestens 20 Lorbeerblätter

Zubereitung:

Wachholderbeeren klein mörsern und mit den anderen Zutaten vermischen.

Zwiebeln am Boden des Krautfasses auslegen, dann das Fleisch gut mit der Salzmischung einreiben und danach ins Krautfass legen. (Haut nach unten)

Das Fleisch soll eng aneinander liegen, so dass keine Luft dazwischen ist.

Wieder eine Lage Zwiebeln mit Knoblauch (diesen klein hacken), dann wieder eine Lage Fleisch. Ab und zu wieder ein paar Wacholderbeeren auf die Lagen streuen.

Auf die letzte Lage Fleisch wieder eine Lage Zwiebeln und Knoblauch.

Dann das Krautfass mit einem Holzdeckel abdecken und einen Stein darauflegen.

Das Fass mit einem Tuch abdecken.

Nach 3 – 4 Tagen kontrollieren, ob das Fleisch unter Wasser ist, falls nicht, dann einen Liter Wasser mit 28 Gramm Pökelsalz drauf schütten, solange bis das Fleisch unter Wasser ist. Nach 3 ½ Wochen ist das Fleisch fertig und kann zum Selchen gebracht werden

oder als Surrfleisch gebraten werden. Nach dem Herausnehmen aus der Sur das Fleisch sauber abwaschen.

Gans

Zutaten:

5-6 kg schwere Gans

6 Äpfel

2 große Zwiebeln

Zubereitung

Die Gans außen und innen waschen, dann salzen und pfeffern. Die 6 Äpfel vierteln und das Kerngehäuse entfernen, diese geviertelten Apfel in die Gans füllen und die Gans dann zunähen. Mit der Brust nach unten in eine Reine geben, ca. 200 ml Wasser dazu geben und bei 200 Grad 1,5 Stunden braten. Die Zwiebeln schälen und vierteln, wenn die 1,5 Stunden Bratzeit um sind, dreht man die Gans auf den Rücken, verteilt die Zwiebeln in der Reine um die Gans und brät sich noch mal eine Stunde weiter. Während des Bratens öfter mit Bratensaft bepinseln. Am besten schmeckt dazu Blaukraut und Semmelknödel, die mit der Bratensoße übergossen werden.

Kesselfleisch

Zutaten:

2 Knollen Zwiebeln

3 Lorbeerblätter

Salz und Pfeffer

1 Schuss Essig

2 kg Schweinehals

Wasser (bis die Zutaten bedeckt sind)

Zubereitung:

2 Stunden im Sud kochen

Beilagen:

Blut- und Leberwürste ebenfalls im Wasser warm machen, Sauerkraut, Bratkartoffeln, Knoblauch, Zwiebeln und Brot.

Lüngerl

Zutaten:

1 Pfund Kalbslunge

4 Esslöffel Essig

Pfefferkörner

2 Lorbeerblätter

2 Zwiebel

50 g Butter

Mehl

Zubereitung:

Die Lunge in 1 ½ Liter Salzwasser geben, die Zwiebeln in kleine Scheiben schneiden, die Gewürze in das Salzwasser geben und ca. 1 Stunde kochen lassen, während des Kochens die Wasseroberfläche abschäumen. Alles abkühlen lassen und dann das Lüngerl herausnehmen und in kleine Stücke schneiden.

Nun die 50 g Butter in einem Topf zergehen lassen, eine fein gewürfelte Zwiebel dazugeben und mit 4 gehäuften Esslöffel Mehl bestäuben, die Zwiebel schön anrösten.

1 Liter von dem Wasser, in dem vorher die Lunge gekocht wurde, in den Topf geben, die Soße nun gut durchrühren. Die klein geschnittene Lunge dazugeben und etwa eine ¼ Stunde, unter ständigen Rühren kochen lassen. Das Lüngerl nun mit Salz, Pfeffer und Essig abschmecken.

Am besten schmecken Semmelknödel dazu.

Saure Nieren

Zutaten:

1 Rinderniere oder 3-4 Schweinenieren

2 Zwiebel

Salz

Pfeffer

Essig

0,5 l Rinder- oder Gemüsebrühe

Sahne zum Abschmecken

Mehl

Zubereitung:

Niere in Streifen oder Würfel schneiden. Dann mit Wasser spülen bis sie sauber sind, abtropfen lassen. Zwiebel fein hacken, goldbraun andünsten lassen und anschließend die Nieren hinzugeben. 10 bis 15 min köcheln lassen, aufgießen mit Brühe, nochmals ca. 15 min köcheln lassen. Eine Mehlschwitzte anrühren und diese hinzugeben. Zum Schluss das Gericht mit Salz, Pfeffer, Essig und Sahne abschmecken.

Zu diesem Gericht schmecken Bandnudeln oder Kartoffeln.

Schweinebraten mit Kartoffeln und gelbe Rüben

Zutaten:

1 kg Krustenbraten

600 g Wammerl

4 große Kartoffeln

3 große gelbe Rüben

2 Zwiebeln

2-3 Zehen Knoblauch

Salz

Pfeffer

Kümmel

Bier

Zubereitung:

Backofen auf 200 Grad vorheizen. Gelbe Rüben und Kartoffeln schälen. Karotten in drei Stücke schneiden Kartoffeln vierteln. Die Kruste einschneiden vom Wammerl und Krustenbraten. Den Knoblauch und Zwiebel schneiden und alle Zutaten in eine Reindl geben. Mit Salz, Pfeffer und Kümmel würzen. Das Reindl in den Backofen geben und anbraten. Wenn die Kartoffeln und die gelben Rüben leicht braun sind mit Bier und Wasser aufgießen. Nach zirka zwei Stunden ist das Schweiners fertig und immer wieder aufgießen.

Schweinebraten

Zutaten:

1 kg Krustenbraten

600 g Wammerl

2 Zwiebeln

2-3 Zehen Knoblauch

Salz

Pfeffer

Kümmel

Wasser

Bier hell oder dunkel je nach Geschmack

Zubereitung:

Backofen auf 220 Grad Heißluft vorheizen. Währenddessen die Kruste einschneiden. Zwiebel und Knoblauch würfeln. Alle Zutaten ins Reindl geben und mit Salz, Pfeffer und Kümmel würzen. Dann in den Backofen geben.

Wenn der Zwiebel leicht braun ist mit Bier und Wasser aufgießen und weiter braten. Das Schweiners dauert ca. 2 Stunden. In diesen 2 Stunden immer wieder mit Wasser und Bier aufgießen. Zum Schluss die Soße nochmals mit Salz und Pfeffer abschmecken.

Dazu schmecken am besten Semmelknödel oder Kartoffeln.

Surbraten

Zutaten:

1 ½ kg Surfleisch (Mageres oder Wammerl)

1 Karotte

2 Zwiebeln

5 Kartoffeln

Petersilie

Zubereitung:

Das Surfleisch in einer Pfanne anbraten, dann in eine Reine legen und mit ca. 700 ml Wasser aufgießen. Zwiebeln in Scheiben schneiden, mit der Karotte und etwas Petersilie dazugeben. Etwa 2 ½ Stunden bei 200 °C braten lassen. Die Kartoffeln schälen, vierteln und in einer Pfanne anbraten. Nach den 2 ½ Stunden die Kartoffeln zu dem Fleisch geben und nochmals 30 Minuten braten lassen.

Am besten schmecken dazu Semmelknödel.

Ein weiteres Rezept

Zubereitung:

Das Surfleisch (Wammerl) an der Schwarte einschneiden und in eine Reine geben. Eine Zwiebel in Scheiben schneiden, diese auf und um das Wammerl legen. Kartoffeln in Viertel schneiden und ebenfalls um das Wammerl legen, etwas Wasser aufgießen, so dass es ca. 1 cm hoch steht.

Alles zusammen im Backrohr braten lassen, bis das Fleisch schön zart ist. (Kommt auf die Dicke es Fleisches an).

Weisser Pressack

Zutaten:

50 % Schweinekopffleisch

10 % Essigessenz

10 % Schwarte (Haut des Kopfes)

30 % Brühe (Kochwasser)

Gewürze:

Kochsalz (pro Schweinskopf ca. 1 ½ Teelöffel)

Pfeffer, fein gemahlen

Majoran

Zwiebel, frisch gewürfelt (ca. 200g)

Zubereitung:

Das Wasser kochend heiß machen.

Schweineköpfe ins Wasser geben.

Schwarten in einem separaten Topf kochen (1 Stunde, bis sie weich sind).

Schwarten aus dem heißen Wasser nehmen und in kaltes Wasser geben, bis sie ausgekühlt sind.

Nach ca. zwei bis drei Stunden das weichgekochte Fleisch von dem Schweinekopf lösen.

Knochen, Knorpel und harte Teile aussortieren und das Fleisch in kleine Würfel schneiden.

Schwarten 3 mm durch den Fleischwolf drehen (feine Scheiben).

Fleischwürfel, Schwarten, klein geschnittene Zwiebeln, Essig und die Kochbrühe vermischen, würzen nach Belieben und dann in die vorbereiteten Därme abfüllen. Fest zubinden und ca. 1 Stunde bei 80°C im Wasser brühen. Man rechnet, pro Zentimeter des Darms circa eine Minute Kochzeit.

Aus dem Kessel entnehmen und abkühlen lassen, beim Abkühlen den Pressack öfter drehen, so kann sich das Fett nicht nur auf einer Seite absetzen.

5 Schweineköpfe ergeben 12 große Stangen Pressack,

1 Schweinekopf heißt beim Metzger ein halber Kopf.

Statt der Schwarte kann man auch Wammerl oder ein Stück mageres Fleisch klein schneiden und dazu geben.

Der rote Pressack wird genau so gemacht, es wird nur statt des Essigs ein wenig Schweineblut hergenommen.

Fleischpflanzerl

Zutaten:

1kg Hackfleisch

6 alte Semmeln

3 Eier

1 große Zwiebel

2 tl. Mittelscharfer Senf

Milch nach Bedarf

Salz, Pfeffer, Paprika, Majoran

Petersilie nach Belieben

Semmelbrösel nach Bedarf

Fett zum Braten

Zubereitung:

Semmeln klein schneiden und in eine Schüssel geben. Die restlichen Zutaten dazu geben und gut vermischen.

Sollte die Masse zu locker sein, mischt man die Semmelbrösel hinzu.

Anschließend formt man eine ca. 3 cm große Kugel und drückt/klopft sie zu einem flachen Patty.

In der Zwischenzeit lässt man das Fett hin der Pfanne heiß werden.

Wenn das Fett geschmolzen ist, gibt man die Pattys hinzu und brät diese von beiden Seiten an, bis sie braun sind.

Am besten schmeckt zu den Fleischfpflanzerl ein Kartoffelbrei und Blaukraut.

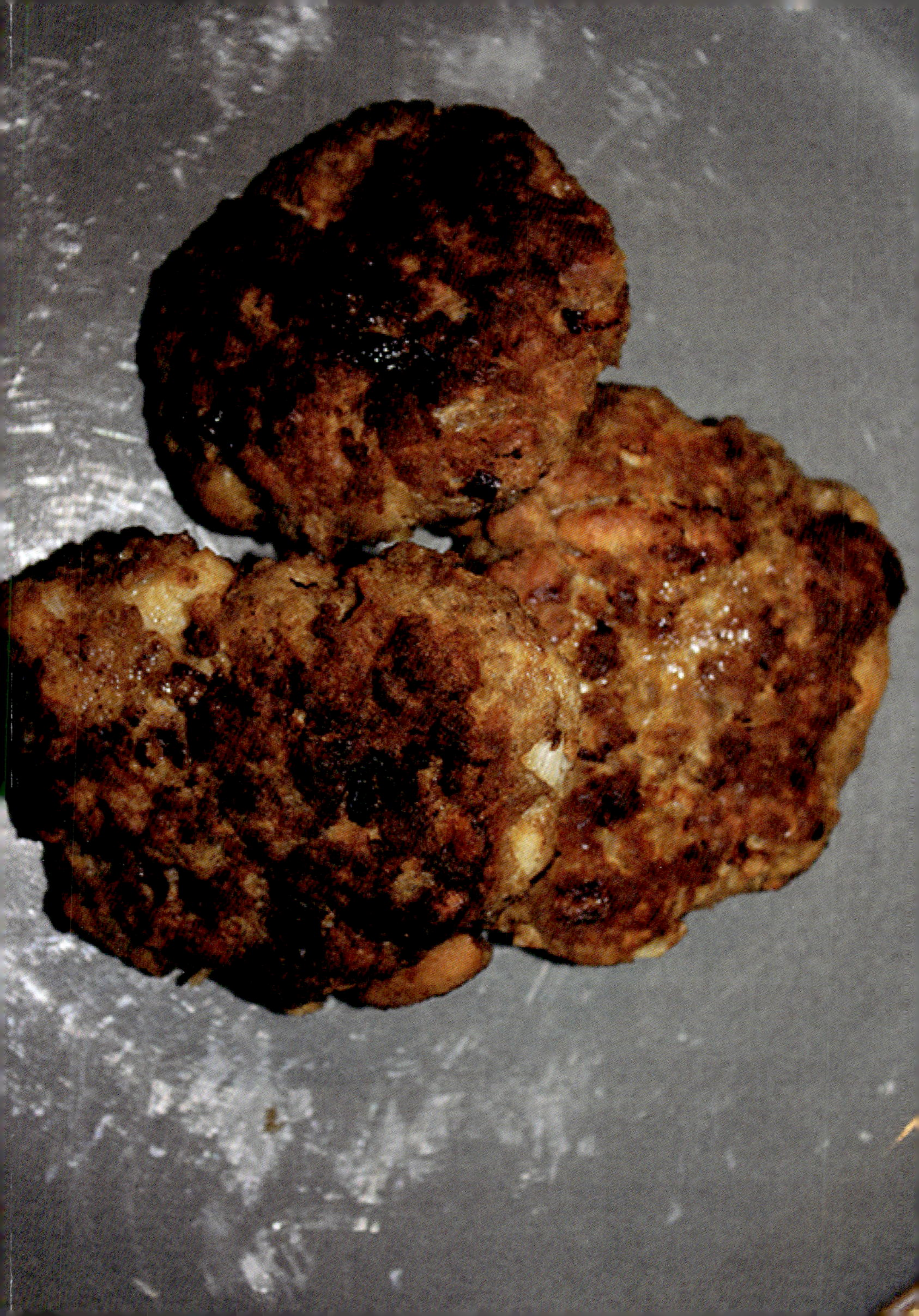

Rehragout

Zutaten (4 Personen):

800g Rehfleisch mit Knochen

(Schulter, Hals, Haxen, Lappen)

2	Zwiebel
1 Pack.	Suppengemüse

(Sellerie, Porree, Karotten, Petersilie)

1TL.	Pfeffer ganz
1TL.	Piment ganz
3	Lorbeerblätter
1	Nelke
750ml	Rotwein
250 ml	Brühe
150ml	Weißweinessig
	Salz, Pfeffer gemahlen
100g	Mehl
100ml	Wasser zum Ablöschen
200ml	Sahne
	Öl

Nach belieben Zucker

Zubereitung:

Das Rehfleisch waschen, evtl. in größere Stücke teilen und in eine Schüssel legen. 1 Zwiebel mit der Schale vierteln und dazugeben. Sellerie, Porree und Karotten waschen, putzen, grob zerkleinern und ebenfalls in die Schüssel geben. Anschließend den Pfeffer, Piment, Lorbeerblätter, Salz, Zucker und die Nelke hinzugeben und mit Rotwein und Essig aufgießen. Diese Schüssel zugedeckt an einem kühlen Ort 2 Tage durchziehen lassen.

Nach 2 Tagen das Fleisch aus dem Sud nehmen und trockentupfen.

Zwiebel schälen und grob würfeln und in Öl anbraten. Das Fleisch nebenbei salzen und nach und nach hinzugeben. Wenn das Fleisch ganz in der Pfanne ist, scharf rundherum anbraten. Anschließen mit dem Sud ablöschen und die Brühe dazugeben.

Das Ragout zugedeckt bei schwacher Hitze etwa 1,5 Stunden schmoren lassen. Wenn das Fleisch sich vom Knochen löst, dieses herausnehmen und abkühlen lassen. Den restlichen Sud durch ein Sieb passieren und ruhen lassen.

Man gibt in einem weiteren Topf Öl und Mehl und macht eine dunkle Mehlschwitze. Diese mit Wasser ablöschen und den Sud nach und nach dazugeben, glatt rühren und ca. eine viertel Stunde bei kleiner Hitze köcheln lassen. Mit Salz, Pfeffer und evtl. Essig abschmecken und mit Sahne verfeinern.

Das abgekühlte Fleisch vom Knochen lösen und in kleine Stücke schneiden, anschließend in die fertige Soße hinzugeben und 5 Min. erwärmen, anschließend servieren.

Dazu passen am besten Semmelknödel oder Spätzle.

Warmes Geselchtes

Zutaten:

750 – 1000 g Geselchtes (am besten ein Wammerl)

Salz

Zubereitung:

Einen Kochtopf voll Wasser zum Kochen bringen und eine gute Prise Salz dazugeben.

Das Geselchte dann ins kochende Wasser geben und solange kochen, bis es weich ist.

Nun das Geselchte aus dem Wasser nehmen und in ca. 1 cm dicke Scheiben schneiden.

Zu dem Fleisch kann man Sauerkraut, Bauernbrot und Meerrettich servieren.

Früher wurde das Geselchte am Dachboden oder im Keller aufgehängt, bis man es verzehrte.

Das Fleisch wurde mit der Zeit nur immer härter und dünner, da die Flüssigkeit aus dem Speck austrocknete. Wenn nun das Fleisch länger hing, machte man ein warmes Geselchtes, so wurde es wieder weich und schmackhaft. Dieses warme Geselchte gilt heutzutage als ein Bayerwaldschmankerl, dass leider nur noch selten in den Gasthäusern angeboten wird.